AF279070

Session de 1842.

—

LA FRANCE

est une puissance de second ordre!

Imprimerie d'Éd. PROUX et Cᵉ, rue Neuve-des-Bons-Enfans. 3.

Session de 1842.

LA FRANCE

EST UNE PUISSANCE DU SECOND ORDRE !

PAR Francis NETTEMENT.

Prix : 50 centimes.

PARIS.

SE VEND CHEZ DENTU, LIBRAIRE, PALAIS-ROYAL,
GALERIE D'ORLÉANS.
1842

LA FRANCE

est une puissance du second ordre!

Il faut qu'une situation ait sa formule.

Nous venons présenter celle de notre politique extérieure.

Cette formule doit marquer le commencement de la session et rester comme un avertissement solennel dans notre histoire, comme le *caveant consules* de la république romaine.

Nous n'avons pas la prétention de donner des conseils à la presse, aujourd'hui si attaquée par des hommes qui frappent le ventre de leur mère ; mais il est certain qu'il y a, maintenant, des faits tellement significatifs par eux-mêmes, qu'en cherchant la formule de ces faits, quelquefois dans la conversation même de ceux qui participent aux affaires, on arrivera à caractériser notre situation avec une énergie qui laissera, loin derrière elle, les attaques les plus vives et les plus éloquentes. Nous avons la ferme intention, quant à nous, de ne pas épargner ici un mot de vérité. On disait autrefois : « La charte, toute la charte, rien que la charte ! » Disons aujourd'hui, nous en avons le droit : « La vérité, toute la vérité, rien que la vérité ! »

Que la presse en appelle aux faits et à la parole même de ceux qui la poursuivent, de la guerre qui lui est déclarée ; qu'elle leur demande compte, mais toujours avec des faits, de la position où la France est aujourd'hui placée ; et la presse n'aura plus rien à craindre pour elle-même, parce qu'il y a en France un sentiment national qui est indestructible, et qu'elle s'appuiera sur ce sentiment.

Si nos frontières étaient envahies, nous espérons bien que, pour la résistance à l'étranger, il n'y aurait plus qu'un parti en France, celui de l'indépendance nationale.

Nous ne voulons rien exagérer, mais notre situation, à l'égard de l'Europe, est si grave, que les préoccupations de l'extérieur dominent aujourd'hui, dans bien des pensées, celles de l'intérieur et qu'on appelle, au dessus de tous les partis, puisque nous n'avons que des partis en France, un parti national qui, dans la presse, qui, dans les Chambres, qui, partout, soit unanime dans les questions d'honneur et d'indépendance.

Dans de telles questions, plus de récriminations, plus d'évocations du passé, quel qu'il soit, un seul sentiment, un seul but, la dignité entière de la France et sa légitime grandeur : voilà notre vœu, et il faut, nous en avons l'intime conviction, que ce vœu soit réalisé. Nous ajouterons qu'il est urgent qu'il le soit !

Nous sommes de cette opinion, surtout depuis la solution que l'on a donnée aux affaires d'Orient.

Rien ne nous étonne plus, nous l'avouons, que le langage actuel de M. le Ministre des affaires étrangères : « J'écarterai, a-t-il dit dans la discussion de l'adresse de la Chambre des pairs, ces continuelles récriminations qui consistent à dire que la France est abaissée, et qu'avec son gouvernement actuel elle ne peut rien. Toutes ces récriminations, que les gens sensés apprécient, je les passe sous silence. »

Cette manière de répondre est aisée, et ce dédain affecté, nous en appelons à M. Guizot lui-même, l'éprouve-t-il ? Nous ne le pensons pas. Nous émettons en fait que, dans les débats en cet instant engagés à la tribune de l'autre Chambre, où la contradiction est plus nombreuse, plus pressante et a plus d'écho, M. Guizot ne pourra pas, ne voudra pas exprimer un tel dédain pour une vérité trop démontrée.

En partant pour son ambassade de Londres, M. Guizot ne disait-il pas à M. Thiers qui le saluait dans un couloir de la Chambre, de ces paroles d'adieu : « Eh bien ! vous voilà dehors ! » « Je sais quelque chose de la politique intérieure, je ne sais rien des affaires étrangères, » contrairement à la devise de M. de Talleyrand, qui disait : « Je sais quelque chose des affaires étrangères, rien de la politique intérieure, » « et je compte le déclarer à Londres et m'y présenter, en toute occasion, uniquement comme l'homme de la politique intérieure ? »

Nous avons lieu de croire ces paroles textuelles, et nous avons bien peur qu'elles n'expliquent toute notre situation. Évidemment, dans la pensée de M. Guizot, aujourd'hui ministre des affaires étrangères, tout doit se rapporter, en politique, aux préoccupations de l'intérieur, qui sont les principales ; la situation extérieure n'est qu'un accessoire, et le cœur n'a pas à s'inquiéter des extrémités.

Hors du pouvoir, M. le Ministre des affaires étrangères n'a pas toujours exprimé de tels sentimens.

Nous savons qu'on lui représentait, sous l'administration du 15 avril, « que la France n'avait pas une véritable assiette en Europe ; que tout gouvernement nouveau avait des frais d'établissemens à faire, et que celui-ci n'en faisait aucuns ; que, suspects à l'Europe, nous n'avions contre elle aucune garantie ; que l'affaire des catholiques de Prusse s'était présentée, et que nous n'en avions pas profité pour étendre notre patronage sur le Rhin ; que, le long du Rhin, la France était ouverte à l'Allemagne et à la Russie, maîtresse de ces bords, par ses alliances, presqu'autant que l'Allemagne ; qu'enfin le sens extérieur de la révolution de juillet ne pouvait être qu'un démenti donné aux traités de 1815, par la reprise de nos frontières du Rhin ; qu'autrement cette révolution manquait de sens, puisqu'elle confirmait la conquête étrangère, sur laquelle la Restauration avait la ferme intention de revenir, notamment à l'égard de la Belgique. »

M. Guizot était loin de nier la justesse de ces observations ; mais il répondait que le gouvernement de 1830 prendrait sa revanche dans une question qui mûrissait tous les jours, et qui, au lieu d'être révolutionnaire, serait européenne.

Cette question, c'était celle d'Orient !

« En effet, disait M. le Ministre des affaires étrangères, l'empire turc touche à sa ruine, qui n'est plus qu'une question de temps. Un remaniement de l'Europe deviendra nécessaire, et la France en profitera, sans que l'on puisse dire qu'elle en profite révolutionnairement. »

Or, cette question d'Orient s'est présentée, qu'en a-t-on fait ? On a permis que l'Europe tranchât, sans nous, cette question générale, cette question capitale d'Orient !

On a eu bien tort de dire que la question d'Espagne ayant été décidée, sous la Restauration, sans l'Angleterre, on avait pu décider, sans la France, celle d'Orient. L'affaire d'Espagne, malgré son importance, était toute locale, toute internationale, d'elle à nous ; celle d'Orient intéresse toute l'Europe, et nous particulièrement ! Les Européens ne sont connus, dans le Levant, que sous le nom de Francs, cela n'en dit-il pas assez ? Nous avons, en Orient, tout un passé à défendre et à honorer ; d'après les paroles mêmes de M. le Ministre des affaires étrangères, nous avons à conquérir un avenir !

Dans cette situation, nous sommes restés les mains liées,

sans un ami en Europe, à la première occasion qui s'est présentée d'agir sur l'Orient. La Russie et l'Angleterre ont tout conduit! Voilà, aujourd'hui, nos précédens en Orient! Nous dira-t-on que les précédens ne sont rien? Nous reconnaîtrions là, cette politique, au jour le jour, qui dirige aussi nos affaires intérieures.

Il est certain qu'il nous a été permis de faire signer, par un chargé d'affaires qui nous représentait à Londres, notre adhésion, par acte postérieur, à tout ce qu'avaient fait sans nous et contre nous l'Angleterre et la Russie. Il est certain que l'on a fait une convention qui ferme le Bosphore aux vaisseaux européens et qui paraît, ainsi, maintenir l'indépendance de la Turquie; mais ignore-t-on la géographie, aux affaires étrangères, et n'y sait-on pas la distance qui sépare de Constantinople le port russe le plus prochain? Ce ne sont pas les jours qu'il faut compter, ce sont les heures, de Sébastopol à Constantinople !

Comment ne pas sentir que, dans l'état de décadence et de ruine où est l'empire turc, un traité qui exclut du Bosphore tous les vaisseaux européens, n'est fait qu'au profit des plus proches voisins de l'empire turc? Or, ces plus proches voisins sont l'Angleterre et la Russie. L'Angleterre a sa part faite en Syrie et en Egypte. Constantinople, dans le traité qui a été conclu, est le gage de la Russie, qui semble y toucher déjà. La puissance, qui tiendra ce gage, présidera à ce remaniement de l'Europe dont parlait M. le Ministre des affaires étrangères! Loin donc que la fermeture du Bosphore, du canal de Constantinople soit une garantie pour nous, qui sommes loin, c'est une précaution prise contre nous par les voisins ambitieux de cet empire turc, dont le voisinage consiste, à notre égard, dans le libre développement de notre marine, qui doit porter la France partout où elle n'est pas !

Et, cependant, le ministre qui a la responsabilité de nos

affaires extérieures, est un esprit hors ligne, il est le chef des conservateurs ; il doit savoir qu'il y a une dignité et une prudence qu'une nation ne doit pas négliger ; nous lui adressons donc cette question : Si une crise survenait à Constantinople, et que la Russie qui peut, en cinq jours, avant qu'aucune nouvelle soit arrivée dans les autres pays de sa détermination, embarquer une armée et la transporter dans la capitale de la Turquie, prenait possession de cette capitale, sur laquelle elle a l'œil ouvert, et qu'elle domine de la Crimée, que ferait le cabinet de M. Guizot? Permettrait-il que la Russie demeurât maîtresse de la capitale de l'empire ottoman ? Il nous semble que la réponse est prête : ce serait un fait accompli ! on se plaindrait peut-être d'abord ; mais on finirait par nous dire que Constantinople n'est point Paris.

Malheureusement, la politique que l'on suit aujourd'hui est toute connue d'avance. On appelle cela la politique pacifique ; nous l'appellerons, nous, la politique de concessions sans terme ! Si une telle politique continue à être suivie, c'est pour nous la décadence.

Toutes les questions de révolution, de restauration, de république, disparaissent devant celle-ci : M. Guizot et ses collègues consentent-ils, aujourd'hui, à administrer une décadence ?

En présence de cette affaire d'Orient, qui doit préoccuper tous les amis du pays, il nous est arrivé de vouloir sonder la pensée d'un homme de haute intelligence, initié par sa position aux idées qui ont cours dans le gouvernement. Nous exprimions devant lui notre étonnement douloureux de ce que M. Guizot, en particulier, un historien si remarquable, habitué à juger la grandeur et le déclin des peuples, pût attacher son nom à ce qu'il était impossible de ne pas regarder comme la déconsidération de la France, comme un symptôme de sa chute parmi les nations ! Nous rappelions ce qu'il avait dit, sous le 15 avril, que la France prendrait sa revanche, une revanche prochaine, que cette revanche était en Orient; et nous arrivions à M. Guizot, aujourd'hui ministre lui-même, et nous trouvions, pour revanche, l'exclusion de la France des conseils de l'Europe, paisiblement supportée; pour revanche, son nom presque effacé de la carte du monde, quand la Russie, l'Angleterre, l'Autriche et la Prusse y gravaient le leur tous les jours davantage! Car la diplomatie est aussi une guerre où l'on prend position, où l'on perd comme l'on gagne des batailles! Nous disions : « Mais, enfin, ce n'est pas ici une imputation légère; nous possédons, contre M. Guizot, dans cette question, les paroles mêmes de M. Guizot! Et pour ne pas restreindre à une personnalité, quelle qu'elle soit, cette immense affaire d'Orient, il est impossible que le ministre, qui se résigne ainsi, n'y soit pas forcé par un ordre de faits tout particulier, auquel il ne peut se soustraire! Quelle est la raison de cet amoindrissement continu de la France à l'égard de l'Europe, et, par conséquent, du pouvoir lui-même? Comment caractériser la position que l'on accepte pour le pays, comment la formuler? — On nous répondit, d'un ton triste, mais convaincu, que l'on comprenait notre étonnement; mais que pouvait-on faire contre deux puissances comme l'Angleterre et la Russie? Enfin, qu'on ne saurait se le dissimuler, que l'aveu était très pénible, mais que la France ne pouvait plus être classée, aujourd'hui, que parmi LES PUISSANCES DU SECOND ORDRE. »

Du moment que nous avons entendu cette formule de notre politique extérieure, ou plutôt cet arrêt porté contre la France, qui biffe tout son passé, et qui supprime son avenir, nous avons été moins surpris, nous devons le reconnaître, de beaucoup d'actes de la diplomatie. Les puissances du premier ordre, la Russie, l'Angleterre, l'Autriche et la Prusse, prononcent sur l'Orient, et nous sommes exilés de l'acte européen!...... Nous nous étions imaginé que

Charlemagne avait fondé cet empire ; que, soit contre la maison d'Autriche, soit contre l'Angleterre, la France avait lutté pendant toute son histoire ; qu'elle avait été souvent la première puissance de l'Europe, toujours une des premières ! Nous croyions nous souvenir que, même sous cette Restauration si attaquée, la France avait fait la guerre d'Espagne malgré l'Angleterre, remporté à Navarin une glorieuse victoire navale au grand dépit de l'Angleterre, qu'enfin, toujours malgré l'Angleterre, elle avait pris Alger ; nous pensions que toute notre histoire, jusqu'à ce jour, n'était pas un songe, et que nous n'avions pas rêvé la grandeur de notre pays !

Maintenant, que lisons-nous dans les faits, et que vient-on nous dire ?

La Prusse, dont a vu le roi suivre Napoléon dans les rues de Berlin, est une grande puissance qui décide du sort de l'Orient, préférablement à la France ; mais, en effet, nous sommes une puissance du second ordre !

Nous regardons comme un avantage l'exclusion de notre marine du Bosphore ; parce que la Russie et l'Angleterre en sont assez voisines pour y entrer quand elles voudront, et que nous n'y pourrions paraître qu'en dernier ; mais, en effet, nous sommes bien une puissance du second ordre : nous l'avons certifié par notre signature !

Car il est impossible qu'un système existe sans avoir un nom. Si un pays, comme la France, est voué à de perpétuelles concessions, il faut savoir à quel titre ; le classement est fait aujourd'hui : nous sommes une puissance du second ordre !

Nous ne marchons plus maintenant au hasard ; devant toutes les questions qui pourront se présenter, nous connaissons notre place en Europe : nous sommes une puissance de second ordre !

Pourquoi soumettrions-nous nos vaisseaux à la visite des

vaisseaux anglais? Mais, comme nous les soumettrions à celle des vaisseaux russes : nous sommes une puissance du second ordre !

Mais, aussi, pourquoi vient-on d'ensevelir Napoléon chez cette puissance du second ordre ? Pourquoi la monarchie, pourquoi l'empire, pourquoi la république ont-ils battu l'Europe pour cette puissance du second ordre? Pourquoi cette colonne de la place Vendôme, pourquoi Louis XIV sur la place des Victoires?

Nous voudrions le savoir. Nous voudrions qu'il nous fût révélé comment une puissance du second ordre existerait là où fut la France? Nous sentons, non pas seulement notre patriotisme, mais notre intelligence, accablés sous une telle proposition sortie de bouches françaises, empruntée, nous avons des raisons de le croire, à des hommes qui nous gouvernent!

La France, puissance du second ordre, est impossible ; elle est trop grande pour devenir si petite! Il faut que ses frontières et ses plus belles provinces lui soient enlevées, il faut que la capitale de la France soit à Bourges, comme sous Charles VII, au lieu d'être à Paris, pour que ce mot devienne une vérité ; et encore l'esprit national, dans une France morcelée, lutterait pour reconstituer ce grand et noble pays ; les membres chercheraient la tête, et la tête s'efforcerait de se rejoindre aux membres ! Mais que ce mot, la France, puissance du second ordre, soit proféré dans l'entourage d'un ministère, et que ce mot réponde aux actes de ce ministère, qu'il les caractérise, qu'il les classe, qu'il fixe, par une dénomination trop exacte, cette politique du second, du dernier ordre, qui a été appliquée dans les affaires d'Orient, voilà ce que nous avons voulu indiquer dans cette espèce de billet politique que nous adressons à l'intelligence et au patriotisme de la presse.

La France, puissance du second ordre, ce mot, qui résume actuellement notre politique extérieure, ce mot est impie! Il insulte à nos pères et à leurs enfans, au drapeau blanc et au drapeau tricolore! La France, puissance du second ordre! C'est une absurdité politique, un contre-sens eéropéen, une injure à la Providence qui a toujours veillé sur les destinées de cet empire, et qui l'a fait si grand! Oui, tout cela est vrai; mais le mot a été dit, et il suffit qu'il ait pu l'être pour exciter les plus tristes réflexions. Qu'on n'oublie pas que, sans ce mot, les actes de notre diplomatie, l'exclusion de la France des conseils de l'Europe, notre sanction à un traité fait contre nous, sont inexplicables; qu'on ne peut pas supposer qu'un ministre des relations extérieures, que des ambassadeurs et des chargés d'affaires, agissent sans aucun système, se soumettent, sans plan arrêté, aux exigences de quatre puissances européennes, comme l'Angleterre, la Russie, l'Autriche et la Prusse; que, si nous ne sommes pas comptés parmi ces puissances, et si notre volonté n'est pour rien dans la leur, il est impossible, cependant, que les hommes, qui ont la main sur les affaires de la France, agissent dans le vague; qu'il faut nécessairement, impérieusement, qu'ils sachent à quel rang ils prétendent nous placer, et que, s'ils ne font rien pour maintenir la France à celui qui lui appartient, au premier, l'égale, au moins, de toutes les grandes puissances, l'égale de la Russie ou de l'Angleterre, ils doivent se dire à eux-mêmes, reconnaître, dans leur pensée, ce qui se répète autour d'eux, que la France n'est plus qu'une puissance du second ordre!

www.ingramcontent.com/pod-product-compliance
Lightning Source LLC
Chambersburg PA
CBHW071652030726
47598CB00005B/2078